AF330405

RELATION

DE LA

TRANSLATION DU CORPS

DE

SAINT ROLAND,

REPLACÉ SOLENNELLEMENT, LE 28 MAI 1834, DANS L'ÉGLISE DE CHÉZERY, ARRONDISSEMENT DE GEX, DIOCÈSE DE BELLEY.

Corpora ipsorum in pace sepulta sunt, et nomen eorum vivit in generationem et generationem.

(Eccl. 44. 14.)

Il y a 774 ans, un prince anglais abandonna sa fortune, son palais et sa famille pour embrasser la pauvreté, dont il avait médité les éloges qu'en a faits le Législateur des Chrétiens dans ce Testament divin par lequel il a légué le ciel à ceux qui suivraient les règles de conduite qu'il y a tracées. Comme le jeune Tobie, guidé par son ange, Roland fut emmené dans le désert de Chézery. Il examina cette solitude, et s'y fixa pour n'être point distrait par les occupations de la vie et pouvoir sans cesse vaquer à la prière et au travail. L'eau du torrent voisin le désaltérait, les racines des plantes sauvages qui croissaient en ces lieux suffisaient à sa subsistance. Rives agrestes de la rapide Valseriné, vous l'avez vu cet homme de Dieu ! échos pieux de la vallée, vous avez répété ses cantiques ! grottes profondes du Jura, vous avez été témoins de la ferveur de ses prières, de ses rigueurs, de ses jeûnes et de ses disciplines!

Cependant d'innombrables malheureux, dépouillés par les guerres continuelles ou par l'injustice de leurs concitoyens, vinrent bientôt dans ce désert trouver le prêtre qui les consolait, qui leur apprenait à supporter les maux inséparables de cette vie, et à s'appliquer au travail, afin de remplir le précepte de la religion, qui veut que nous mangions notre pain à la sueur de notre front. En peu de temps le désert de Chézery fut défriché, les ronces et les épines cédèrent la place à des prairies riantes et à des champs fertiles. La terre ainsi fécondée épanchait de son sein de riches moissons qui servaient aux besoins de la famille que Roland avait formée, et à soulager d'autres infortunes qui arrivaient en foule à la suite les unes des autres. Les habitations se multiplièrent dans cette vallée, puis des villages se formèrent là où les bêtes fauves avaient habité pendant des siècles sans concurrens. Roland était le père de cette colonie; il soulageait l'infortune, il séchait les larmes, et sa main bienfaisante, comme celle de la Providence dont il était l'image vivante, défendait l'opprimé, nourrissait le pauvre, guérissait les malades et répandait des bénédictions sur toute la contrée.

Quand le saint abbé passa au séjour des bienheureux, il consola ses enfans de son absence en leur faisant sentir qu'il prenait au sein de Dieu même cette puissance avec laquelle il exécutait la volonté des supplians qui venaient implorer son intercession. Le peuple, témoin de tant de prodiges, éleva son corps sur l'autel qu'entoura bientôt la foule des pélerins; la prière de là montait à Dieu comme un parfum sur la vapeur de l'encens que la piété faisait brûler devant le tombeau du Saint. L'Eglise approuva ce culte, l'encouragea même par des faveurs spirituelles, et depuis plus de trois siècles, la cendre de saint Roland vivifiait toute la vallée du Jura, et communiquait à l'arbre de la religion cette sève qui lui fait produire encore aujourd'hui dans cette vallée des jets si vigoureux, quand l'hérésie de Calvin, comme un torrent dévastateur, se répandit dans les environs de Genève, y déracina cet arbre antique, en dissipa les rameaux et les fruits. Dans son cours rapide, il renversa les presbytères et les temples; un courant désastreux de ce torrent déborde le Jura, descend la montagne avec impétuosité et vient fondre sur l'abbaye de Chézery; les moines n'eurent que le temps de sauver ce qu'ils avaient de plus précieux dans leur trésor : les reliques de leur saint patron. Mais dès que les eaux bourbeuses se furent retirées de cette vallée, l'arche qui contenait les saintes dépouilles fut rapportée à Chézery; la paix, la prospérité y revinrent avec elle; l'abbaye fut rebâtie, et la puissance de saint Roland fut de nouveau attestée par de nombreux prodiges. Mais voici qu'après deux siècles et demi, du limon fangeux du calvinisme dont la corruption donna naissance au philosophisme, sort un nouvel ennemi de la religion catholique. C'est un Briarée aux cent bras, un géant informe et monstrueux dont la tête se cache dans les nuages, et dont les pieds glissent dans le sang; il enlace toutes les classes sociales, il ébranle les temples, renverse les autels, décapite les rois, les prêtres et les honnêtes citoyens, arrache de leur base tous les monumens, et fait la guerre à Dieu et à ses Saints; sous le fer du vandalisme dont il est armé, tombe l'antique abbaye de Chézery, et aujourd'hui il ne reste que quelques débris des piliers près desquels venait s'agenouiller la prière; le lierre et la mousse se sont emparés des fenêtres et remplacent les vitraux peints où se montrait autrefois l'image du Sauveur, de sa divine Mère, ou de quelque saint protecteur du Jura; l'autel où l'on immolait le Saint des Saints n'est plus qu'un monceau de pierres sur lequel pleure l'homme de foi qui vient le visiter. On voit encore sur les murailles des croix de pierre à demi brisées, des armoiries de quelques abbés, des niches où la

piété venait contempler quelques patrons de nos monta-
gnes. Là autrefois étaient de saints religieux qui, plus
prompts que la nature, bénissaient Dieu avant le lever du
jour ; plus loin, sous les cloîtres dont les tristes restes sont
aujourd'hui consacrés à des usages profanes, ces hommes
de paix s'étaient entretenus des dangers du monde et
des douceurs de la retraite. A ce portique s'étaient arrê-
tées l'affliction et l'indigence, venant chercher, l'une le
pain qui fortifie l'esprit, l'autre le pain qui nourrit le corps.
L'impiété a tout détruit, c'est là son œuvre, puisqu'elle est
l'ennemie de la religion qui édifie...

Vers cette abbaye silencieuse des pèlerins de toutes les
vallées voisines et même de très-loin, accouraient en foule
pour vénérer les reliques du bienheureux Roland ; par une
protection divine ces précieuses dépouilles, une seconde
fois, furent sauvées ; mais quoique la révolution de 1793
n'eût pu anéantir le culte de ce Saint dont les bienfaits
avaient érigé un autel dans tous les cœurs de nos bons mon-
tagnards, néanmoins ses restes mortels, après nos troubles
civils qui furent si funestes à l'Eglise, n'avaient point été
replacés sur l'autel. Cette restauration religieuse devait
compter parmi les œuvres innombrables qui rendront à
jamais illustre l'épiscopat du pieux évêque de Belley. Monseigneur Devie qui avait déjà rendu aux reliques de saint
Anthelme, de saint Arthaud, de saint Rambert et de saint
Vulbas, les honneurs dont une malheureuse révolution les
avait dépouillés, envoya sur les lieux, le 2 avril 1834,
MM. Delacroix et Depery, deux de ses vicaires-généraux,
pour constater l'authenticité des reliques de saint Roland
et les placer dans une châsse dont il faisait présent à la paroisse de Chézery. Le 28 mai suivant fut le jour fixé pour
la translation solennelle et le replacement du corps de
ce saint Abbé sur l'autel. Une neuvaine préparatoire est
donnée par deux missionnaires du diocèse de Belley :
MM. Humbert et Déclas : elle est suivie avec un empres-

sement qui fait présager tout ce qu'aura de religieux et de solennel la cérémonie dont elle est le prélude.

Le 27 mai au soir, Monseigneur l'Evêque se rendit à Chézery, accompagné de MM. Delacroix, Ruivet, Depery, ses vicaires-généraux, Randon, ancien curé de cette paroisse, aujourd'hui chanoine de Belley, et Guillemin, pro-secrétaire de l'évêché. Le vent du nord soufflait avec une telle fureur que des maisons et des arbres furent renversés. On prévoyait que la procession qui devait avoir lieu le lendemain serait contrariée par ce mauvais temps, mais les fidèles furent bien plus affligés encore en apprenant qu'elle n'aurait pas même lieu et que la translation se ferait sans pompe à cause de l'état de souffrances dans lequel se trouvait le Prélat.

Depuis plusieurs semaines il parcourait la Bresse et le Bugey; un malaise général et une enflure aux jambes avaient diminué ses forces et donnaient de l'inquiétude aux personnes qui avaient l'honneur de l'accompagner, ainsi qu'aux fidèles qu'il évangélisait et confirmait dans la foi. A la suite de ces longues fatigues, le mal était devenu si intense que Monseigneur Devie, arrivé à Chézery, n'avait plus la force de se soutenir. Le chagrin qu'il ressent de ne pouvoir faire la cérémonie, s'augmente de tout celui qu'il voit éprouver à cette intéressante population qui s'était si bien préparée à la solennité du 28. Mais que ne peut obtenir la prière de l'homme de foi? Le Prélat passa la nuit dans la chambre du presbytère où reposaient les reliques de saint Roland, et le lendemain quelle ne fut pas la joie du clergé et des fidèles en apprenant que Monseigneur l'Evêque se trouvait beaucoup mieux et qu'il présiderait à la procession?

Le vent du nord avait cessé et le soleil s'était levé pur et brillant, comme la vertu dont il allait éclairer le triomphe. Dès sept heures du matin le Prélat se rendit à l'église, célébra la sainte messe, donna la communion à un millier de personnes et administra le sacrement de confirmation à un grand nombre d'enfans. Pendant ce temps-là une foule d'ecclésiastiques et de fidèles étaient arrivés de toutes les vallées voisines. A onze heures le clergé composé de quarante prêtres en surplis, suivi par le Prélat revêtu de ses habits pontificaux, se rend au presbytère en chantant l'hymne des premières vêpres du commun des abbés. Après l'encensement et la vénération des reliques, la châsse fut placée sur un brancard orné de fleurs et de rubans; quatre Archiprêtres: MM. Colliex, Curé d'Ambérieux; Justin, Curé de Châtillon; Debelley, Curé de Nantua; Chavin, Curé des Bouchoux, Chanoine d'honneur de St-Claude, revêtus du rochet et du camail, chargent le précieux fardeau sur leurs épaules; pendant le long trajet, ils sont relevés de temps en temps par MM. Ballet, Missionnaire de Lyon et Chanoine d'honneur de Belley; Colletta, Curé d'Oyonnax; Gros, Préfet du séminaire de Meximieux; et Moine, Vicaire de Lancrans, (ces deux derniers furent appelés à cet honneur comme natifs de Chézery.) Quatre officiers municipaux en écharpe portent le dais sous lequel marche triomphalement la châsse. La procession s'ébranle avec majesté; elle est ouverte par la bannière de la paroisse qui porte d'un côté l'effigie de la mère de Dieu et de l'autre celle de saint Roland, les deux patrons de Chézery. Les demoiselles du Rosaire étaient placées au premier rang; une d'elles dont le costume était le symbole de la candeur, portait un étendard d'azur sur lequel apparaissait l'image de la Vierge; ses nombreuses compagnes venaient à sa suite; leur vêtement avait aussi la candeur des lys comme leur front en avait la pureté. Venait à leur suite un groupe nombreux d'enfans de la paroisse de Champfromier, vêtus de robes blanches, la tête ceinte d'une couronne et portant des oriflammes sur lesquels étaient inscrits les noms des vertus que saint Roland avait pratiquées avec plus d'éclat. Après cette charmante phalange, marchaient dans le plus profond recueillement des femmes sans nombre de

tout âge, de toutes conditions, tant de la commune de
Chézery que des communes environnantes. La croix paroissiale annonçait la présence du clergé après lequel était
portée solennellement la châsse ; le Prélat et ses deux assistans venaient ensuite, et derrière eux étaient MM. les
maires, les officiers municipaux et les fabriciens de Chézery et de Forens : enfin, la procession se prolongeait très-
loin encore sur deux rangs d'hommes dont on peut porter
le nombre à plus de trois mille.

Le printemps avait paré de feuilles les arbres qui bor-
daient la route ; la Valserine que l'on cotoyait ne faisait
entendre qu'un doux murmure ; l'air était embaumé par
le parfum des fleurs dont était émaillé le gazon de la
longue prairie sur laquelle se déploie si magnifiquement la
procession. Ce brillant tableau de la nature semblait aussi
celui du ciel où triomphe le Saint dont on honore les
dépouilles mortelles sur la terre. Les échos de la vallée se
réveillent pour répéter les hymnes et les invocations que
la foule suppliante adresse à saint Roland Le bruit des
cloches qui retentit dans le lointain, sert d'accompagne-
ment à ces cantiques et annonce aux habitans des hameaux
qu'ils ont retrouvé le gage de la protection du Ciel sur eux
et leurs enfans.

La procession s'avance dans l'ordre le plus admirable vers
la *Fontaine de St-Roland*, distante de demi-heure de l'église
paroissiale. Arrivée à ce lieu tant vénéré, la châsse fut re-
posée un instant auprès de l'oratoire consacré au saint
Abbé. Pendant ce temps-là on distribue à la foule em-
pressée de l'eau de cette fontaine, que tant de guérisons
miraculeuses ont accoutumé le peuple à respecter, et que
la reconnaissance a consacrée à la mémoire du Saint dont
elle porte le nom. Le nombreux cortège s'ébranle de nouveau, et à une heure après-midi, la châsse entre dans
l'église au milieu de l'allégresse publique ; elle est placée,
à la vue de tous les assistans, dans le chœur sur une table

décorée de flambeaux, devant laquelle brûlait l'encens, symbole de la prière. Le prélat monta en chaire, fit l'éloge du Saint; en parlant de son pouvoir auprès de Dieu, il raconta au peuple attendri la grâce insigne qu'il avait obtenue, la nuit précédente, par l'intercession de ce puissant protecteur. Ensuite, il fit faire la lecture des divers procès-verbaux qui constatent l'authenticité des reliques (1), et la cérémonie se termina par le chant du *Te Deum* et la bénédiction du Saint Sacrement. La relique demeura exposée à la vénération des fidèles jusqu'à la fin du jour et fut ensuite placée sur une estrade derrière le maître-autel, où elle demeurera désormais sous la garde des religieux habitans de Chézery.

Le soir, Monseigneur l'Evêque sortit de la paroisse accompagné de la foule qui bénissait son nom et lui faisait entendre les plus simples, mais en même temps les plus touchantes paroles de remercîmens; et de là, grâce aux forces qu'il avait retrouvées près de la châsse de saint Roland, l'infatigable prélat s'achemina vers le pays de Gex dont il devait faire la visite pastorale; il en parcourut toutes les paroisses, consacra l'église de Crozet, fit la première procession de la Fête-Dieu à Gex et la seconde à Ferney, sans éprouver les indispositions qui, peu de jours auparavant, faisaient craindre qu'elles ne missent des entraves à son zèle et ne paralysassent son ministère apostolique.

Tel a été le spectacle édifiant dont cette paroisse populeuse vient d'être témoin. L'ordre, le recueillement, la piété, l'harmonie dans les cantiques, la ferveur dans les prières, ont rendu touchante cette pompeuse cérémonie. Que pouvait faire de plus l'Eglise de la terre pour un habitant du ciel ?

Combien seraient insensés ceux qui n'applaudiraient

---

(1) Voyez ces procès-verbaux dans la Notice de saint Roland, publiée par M. Depery.

pas à cette fête et qui s'associeraient aux ennemis de la religion pour qualifier du nom de superstition les honneurs que nous rendons à un Saint qui fut le bienfaiteur des vallées du Jura ? Eh quoi ! ils se tiendraient honorés d'être admis à faire la cour au favori d'un roi et ils ne voudraient pas que les chrétiens, par leur empressement à invoquer les saints, se rendissent propices ces amis de Dieu qui les propose lui-même à notre vénération en recevant toujours favorablement les vœux que nous les chargeons de déposer au pied du trône de ses miséricordes.

Eh pourquoi Dieu voulut-il ensevelir lui-même le corps de son serviteur Moïse dans la vallée de Moab (1)? pourquoi tant d'honneurs rendus à un cadavre si ce n'est pour nous apprendre à honorer les dépouilles mortelles des Saints ! Et pourquoi Dieu encore renouvelle-t-il si souvent au tombeau des Bienheureux, à l'approche de leurs reliques, les prodiges qu'opéraient la prière d'Élie (2), les ossemens du prophète Elisée (3), l'ombre de saint Pierre (4), la ceinture et les mouchoirs de saint Paul (5), si ce n'est pour nous faire comprendre combien il aime ses Saints qu'il fait briller à nos yeux par des miracles, afin de nous les désigner comme les protecteurs que nous devons invoquer dans tous nos besoins ?

La mort des Saints est non-seulement précieuse devant Dieu, mais encore leur poussière mortelle, comme l'exprime saint Bazile. Les os, les cendres des Saints, dit le second concile de Nicée, sont des fontaines bienfaisantes. Ne pouvons-nous pas dire que, depuis six cents ans, le tombeau de saint Roland a été une source salutaire où les

---

(1) Deutéronome, chap. 34, v. 6.
(2) 3. Rois, chap. 17, v. 20, et saint Luc, chap. 4, v. 25.
(3) 4. Rois, chap. 13, v. 21.
(4) Act. des Apôt., chap. 5. v. 12, 15, etc.
(5) Ibid. chap. 19. v. 11 et 12.

affligés ont puisé des consolations, les malades la santé, les pécheurs des grâces de conversion, et les habitans de Chézery des faveurs particulières dont le souvenir excite toutes les années l'enthousiasme religieux qui vient d'être porté à son comble par la vue de ses reliques promenées en triomphe au milieu des hameaux qui lui doivent leur existence.

Le culte que nous venons de rendre à ce grand Saint, rappelle ce beau parallèle que saint Chrisostôme fait des héros du monde avec ceux de la religion. « Les héros du monde, dit-il, sont honorés comme des dieux pendant leur vie, et dans le tombeau ils deviennent un objet d'horreur. Au contraire, les serviteurs de Dieu sont souvent persécutés sur la terre et deviennent l'objet du respect et de la vénération des peuples dans le sépulcre. En effet, qui a jamais entrepris un voyage pour visiter le tombeau d'Alexandre? Qui est celui, non pas des étrangers, mais de ceux qui sont nés dans son empire qui sache où est son cadavre et à quel jour de l'année il est mort? tandis qu'au contraire, nous voyons la foule accourir pour vénérer le corps des saints qu'a fournis la religion, pour les honorer dans leur tombeau, tandis que les plus grands conquérans sont oubliés dans le coin de terre qui leur reste de tant de provinces qu'ils ont conquises, tandis que les peuples se pressent depuis plusieurs siècles, autour des cendres d'un homme qui souvent fut ignoré pendant sa vie, qui ne fut grand que devant Dieu. Telle est la force de la religion qu'elle revêt les Saints, pour ainsi dire, de deux immortalités : l'une qui brille en leur âme dans le ciel et l'autre en leur corps sur la terre. »

« Les reliques des Saints, dit encore saint Chrisostôme, doivent produire en nos âmes le desir de cette double gloire, car si la renommée d'un héros excite en nous je ne sais quoi de grand, quelle impression plus forte ne fera pas sur nous sa présence? et de quels sentimens ne serions-nous pas agités si nous entrions dans sa tente et que nous y voyions son épée encore fumante de sang, la tête de son ennemi, des lances, des boucliers, des armes et des dépouilles de toute espèce formant un trophée digne de son courage et de ses exploits ? Le tombeau du Saint que nous venons de vénérer d'une manière si brillante ne représente-t-il pas le plus beau trophée de gloire ? nous y voyons, pour nous servir des expressions de l'Ecriture sainte, le baudrier de la justice, le bouclier de la foi, le casque du salut, la gloire de l'esprit, les instrumens de sa pénitence avec lesquels il a remporté tant de victoires sur lui-même, les dépouilles que ce grand saint a si souvent enlevées au démon en le chassant des corps dont il s'était emparé. »

Que la vue de cet arsenal tout spirituel ne soit pas vaine pour nous, qu'elle ranime notre courage : nous avons des guerres continuelles à soutenir contre l'ennemi du salut. Apprenons de saint Roland la manière de combattre et de vaincre. La fuite du monde, le renoncement aux plaisirs, la pénitence, l'aumône, l'amour de Dieu et du prochain, une foi vive qui lui faisait tout entreprendre pour son salut, l'espérance des biens futurs qui le soutenait dans ses combats : voilà les armes avec lesquelles il a fait la conquête du Ciel. Nous avons les mêmes ennemis qu'avait saint Roland, nous avons les mêmes moyens de vaincre, les mêmes récompenses nous attendent. Combien nous serions lâches et coupables si nous rendions ignominieusement les armes à l'impiété, au respect humain, à l'enfer; à l'enfer que le nom seul de chrétien fait pourtant trembler et réduit au silence.

PROCÈS-VERBAL

De la Translation des Reliques de Saint Roland, Abbé de Chézery, faite par Monseigneur ALEXANDRE-RAYMOND DEVIE, Évêque de Belley, le vingt-huit mai mil huit cent trente-quatre.

ALEXANDRE - RAYMOND DEVIE, par la miséricorde divine, et la grâce du Saint-Siége apostolique, Évêque de Belley,

Depuis long-temps nous travaillions à rendre au culte de saint Roland son ancienne splendeur, soit en recherchant les anciennes traditions, soit en sollicitant du saint Père les Indulgences qu'il a daigné accorder par son bref du 14 février 1834, soit enfin en replaçant sur l'autel le corps du saint Abbé qui en avait été arraché lors de la révolution de 1793 ; enfin, après plusieurs années de notre épiscopat, pendant lesquelles nous n'avons pas cessé de nous occuper de la translation des reliques de saint Roland, nous envoyâmes à Chézery, le 2 avril 1834, MM. Delacroix et Depery, deux de nos Grands-Vicaires, pour recueillir, par écrit, quelques-uns des faits qu'on nous avait racontés, pour reconnaître le saint corps et le placer dans le reliquaire que nous avons donné à la paroisse de Chézery, et que nous avions bénit avec les cérémonies indiquées dans le *Pontifical romain*.

Dès que nos deux Commissaires nous eurent remis le procès-verbal de leur opération, nous nous empressâmes de désigner le 28 mai 1834 pour le jour de la translation.

Voulant disposer les Fidèles à cette cérémonie, et les mettre en état d'en tirer des fruits spirituels avec plus d'abondance, nous envoyâmes, dix jours avant, deux Missionnaires à Chézery, pour diriger les exercices d'une Neuvaine préparatoire.

Le tout étant ainsi disposé, nous nous sommes rendu à Chézery le 27 mai, accompagné de MM. Delacroix, Ruivet, Depery, nos Vicaires-Généraux, de M. Randon, ancien Curé de Chézery, aujourd'hui Chanoine de notre cathédrale, et de M. Guillemin, notre Secrétaire; nous avons été reçu avec le cérémonial accoutumé.

Dès le lendemain matin, mercredi 28, nous nous sommes fait représenter la châsse que nos deux Commissaires avaient confiée à M. Font, Curé de Chézery, qui nous l'a exhibée; nous avons reconnu que le sceau de nos armes qui avait été apposé sur la serrure, par MM. Delacroix et Depery, était intact; nous l'avons rompu; ensuite nous avons ouvert ladite châsse, dans laquelle nous avons retrouvé les déclarations de MM. Gervais et Randon, et le procès-verbal de nos Commissaires; nous avons reconnu aussi que l'état de la relique était tel qu'il est décrit dans ledit procès-verbal, et nous avons refermé la châsse.

Après la célébration des saints Mystères, et l'administration du sacrement de Confirmation dans l'église paroissiale de Chézery, nous nous sommes rendu au presbytère pour commencer la cérémonie de la translation; c'est de là qu'est partie la châsse portée par quatre Archiprêtres en rochet et en camail, au milieu d'une procession nombreuse, composée de Prêtres et de Fidèles accourus de tous les environs de Chézery. Les saintes reliques, après avoir été transportées ainsi triomphalement jusqu'au lieu dit : *Fontaine à Roland*, sont rentrées dans l'église, ont été encensées et posées sur une estrade au milieu du chœur, sur laquelle elles sont demeuré jusqu'au soir exposées à la vénération des Fidèles. Cette imposante cérémonie a été terminée par le chant du *Te Deum*, et par la bénédiction du très-saint Sacrement.

Vers le soir, avant de quitter Chézery, nous avons ouvert la châsse, nous y avons placé, 1° notre présent procès-verbal, 2° les déclarations de MM. Gervais et Randon, 3° le double du procès-verbal dressé par nos Commissaires, les 2 et 3 avril, et 4° un exemplaire de la *Notice de saint Roland*, par M. Depery, notre Vicaire-Général.

Le reliquaire ensuite a été fermé à clé, et nous avons apposé notre sceau sur la serrure dont nous avons pris la clé qui sera jointe à la copie de notre procès-verbal que nous déposerons dans les archives de notre Évêché.

Ensuite nous avons fait placer la châsse derrière le maître-autel, sur une console, où elle demeurera ainsi exposée à la vénération des Fidèles.

Tout ce que nous venons de décrire dans ce présent procès-verbal, s'est passé en présence de MM. Delacroix, Ruivet, Depery, nos Vicaires-Généraux; Randon, Chanoine; Ballet, Missionnaire de Lyon, Chanoine d'honneur de Belley; Guillemin, notre Secré-taire; Font, Curé de Chézery; Chavin, Curé des Bouchoux, Chanoine d'honneur de Saint-Claude; Colletta, Curé-Archiprêtre d'Oyonnax; Colliex, Curé-Archiprêtre d'Ambérieux; Debelley, Curé-Archiprêtre de Nantua; Justin, Curé-Archiprêtre de Châtil-lon-de-Michaille; Augier, Curé de Lelex; Bourlot, Curé de Champfromier; Chavin, Curé de Saint-Jean-de-Gonville; Ducret (François-Marie), Curé de Giron; Dufresne, Curé d'Arbent; Famy, Curé d'Arlod; Gaillet, Curé de Craz; Gauthier, Curé d'Anglefort; Guillon, Curé de Forens et Vicaire de Chézery; Humbert, Curé de Vaux; Jayr, Curé des Neyrolles; Marestan, Curé de Charix; Mermillod, Curé de Belleydoux; Ravinet, Curé de Ville-Notre-Dame; Reverchon, Curé de Montange; Rosier, Curé de Challex; Tournier, Curé de Saint-Denis-le-Chausson; Vibert, Curé de Chanay; Déclas, Humbert, Mury, Missionnaires du diocèse de Belley; Chamard, Vicaire de Champfromier; Dubouis, Vicaire de Nantua; Gros, Préfet au Séminaire de Meximieux; Moine, Vicaire de Lancrans; Roybier, Vicaire de Châtillon-de-Michaille, Grosfilley, Maire de Chézery; Bouffand, Maire de Forens; Grossiord, Adjoint de Chézery; Plaisantin, Adjoint de Forens; Juillard (Anthelme), Juillard (Antoine), Blanc (Antoine), Grosbegnin (Roland), Dujoux (François), Rostan (Claude), Officiers municipaux; Godet, Berrod, Crétin, Mathieu, Fabriciens.

Fait à Chézery, le 28 mai 1834.

SIGNATURES DU CLERGÉ.

† A.-R., Évêque de Belley ;
DELACROIX, Vicaire-Général ;
RUIVET, Vicaire-Général ;
DEPERY, Vicaire-Général ;
RANDON, Chanoine ;
BALLET, Missionnaire, Chanoine d'honneur de Belley ;
GUILLEMIN, Secrétaire de Monseigneur ;
FONT, Curé de Chézery ;
CHAVIN, Curé des Bouchoux et Chanoine d'honneur de Saint-Claude ;
COLLETTA, Curé - Archiprêtre d'Oyonnax ;
COLLIEX, Curé - Archiprêtre d'Ambérieux ;
DEBELLEY, Curé - Archiprêtre de Nantua ;
JUSTIN, Curé - Archiprêtre de Châtillon ;
AUGIER, Curé de Lelex ;
BOURLOT, Curé de Champfromier ;
CHAVIN, Curé de Saint-Jean-de-Gonville ;
DUCRET, Curé de Saint-Martin-de-Bavel ;
DUCRET, Curé de Giron ;
DUFRESNE, Curé d'Arbent ;
FAMY, Curé d'Arlod ;
GAILLET, Curé de Craz ;
GAUTHIER, Curé d'Anglefort ;
GUILLON, Curé de Forens ;
HUMBERT, Curé de Vaux ;
JAYR, Curé des Neyrolles ;
MARESTAN, Curé de Charix ;
MERMILLOD, Curé de Belley-doux ;
RAVINET, Curé de Ville-N.-D. ;
REVERCHON, Curé de Montange ;
ROSIER, Curé de Challex ;
TOURNIER, Curé de Saint-Denis-le-Chausson ;
VIBERT, Curé de Chanay ;
DECLAS, Missionnaire de Belley ;
HUMBERT, Miss.^{re} de Belley ;
MURY, Missionnaire de Belley ;
CHAMARD, Vicaire de Champfromier ;
DUBOUIS, Vicaire de Nantua ;
GROS, Préfet du Séminaire de Meximieux ;
MOINE, Vicaire de Lancrans ;
ROYBIER, Vicaire de Châtillon-de-Michaille.

SIGNATURES DE MM. LES OFFICIERS MUNICIPAUX.

GROSFFILLEY, Maire de Chésery ;
BOUFFAND, Maire de Forens ;
GROSSIORD, Adjoint de Chézery ;
PLAISANTIN, Adjoint de Forens ;
JUILLARD (Anthelme), Officier municipal ;
JUILLARD (Antoine), Officier municipal ;
BLANC, Officier municipal ;
GROSBEGNIN, Officier municipal ;
DUJOUX, Officier municipal ;
ROSTAN, Officier municipal.

SIGNATURES DE MM. LES FABRICIENS.

BERROD, Fabricien ;   GODET, Fabricien ;
CRÉTIN, Fabricien ;   MATHIEU, Fabricien.

Vu par nous Évêque de Belley, pour légalisation des signatures ci-dessus apposées.

† A.-R., ÉVÊQUE DE BELLEY.